Slaap lekker, kleine wolf

好梦，小狼仔 - Hǎo mèng, xiǎo láng zǎi

Een prentenboek in twee talen

Ulrich Renz · Barbara Brinkmann

Slaap lekker, kleine wolf

好梦，小狼仔
Hǎo mèng, xiǎo láng zǎi

Vertaling:

Jonathan van den Berg (Nederlands)

Li Wu (Chinees)

Luisterboek en video:

www.sefa-bilingual.com/bonus

Gratis toegang met het wachtwoord:

Nederlands: **LWNL2321**

Chinees: **LWZH3517**

Goedenacht, Tim! We zoeken morgen verder.
Voor nu slaap lekker!

晚安, 提姆！我们 明天 再接着 找。 现在 先 睡觉 吧！
Wǎn'ān, Tímǔ! Wǒmen míngtiān zài jiēzhe zhǎo. Xiànzài xiān shuìjiào ba!

Buiten is het al donker.

窗 外 天 已经 黑了。
Chuāng wài tiān yǐjīng hēi le.

Wat doet Tim daar?

提姆 在 那儿 做 什么 呢？
Tímǔ zài nàr zuò shénme ne?

Hij gaat naar de speeltuin.

Wat zoekt hij daar?

他出去，去游戏场。
Tā chū qù, qù yóuxì chǎng.

他在那儿找什么呢？
Tā zài nàr zhǎo shénme ne?

De kleine wolf!

Zonder hem kan hij niet slapen.

小 狼 仔！
Xiǎo láng zǎi!

没有 小 狼 仔 他就 无法 入睡。
Méiyǒu xiǎo láng zǎi tā jiù wúfǎ rùshuì.

Wie komt daar aan?

谁 来 了？
Shéi lái le?

Marie! Ze zoekt haar bal.

是 玛丽! 她在 找 她的球。
Shì Mǎlì! Tā zài zhǎo tā de qiú.

En wat zoekt Tobi?

托比 在 找 什么 呢？
Tuōbǐ zài zhǎo shénme ne?

Zijn graafmachine.

他 的 挖掘机。
Tā de wājuéjī.

En wat zoekt Nala?

那么 纳拉 在 找 什么 呢？
Nàme Nàlā zài zhǎo shénme ne?

Haar pop.

她的 小 娃娃。
Tā de xiǎo wáwa.

Moeten de kinderen niet naar bed?

De kat is erg verwonderd.

小 朋友们　　不该去 睡觉　吗？
Xiǎo péngyǒumen　bù gāi qù　shuìjiào　ma?

猫咪 心 里很 纳闷。
Māomi xīn lǐ　hěn　nàmèn.

Wie komt er nu aan?

现在 谁 来 啦？
Xiànzài shéi lái la?

De mama en papa van Tim!

Zonder hun Tim kunnen zij niet slapen.

提姆 的 爸爸 和 妈妈！ 没有 提姆 他们 也 无法 入 睡。

En er komen nog meer! De papa van Marie.

De opa van Tobi. En de mama van Nala.

那儿 又 有人 来 了！
Nàr yòu yǒurén lái le!

玛丽 的 爸爸， 托比 的 爷爷， 还有 纳拉 的 妈妈 也 来 了。
Mǎlì de bàba, Tuōbǐ de yéye, háiyǒu Nàlā de māmā yě lái le.

Nu snel naar bed!

现在 得 快快 睡觉 去 了！
Xiànzài děi kuàikuai shuìjiào qù le!

Goedenacht, Tim!

Morgen hoeven we niet meer te zoeken.

晚安,提姆!我们明天 不用 再找 了。
Wǎn'ān, Tímǔ! Wǒ men míngtiān bùyòng zài zhǎo le.

Slaap lekker, kleine wolf!

好 梦， 小 狼 仔！
Hǎo mèng, xiǎo láng zǎi!

De illustrator

Barbara Brinkmann werd geboren in 1969 in München (Duitsland). Ze studeerde architectuur in München en is momenteel werkzaam bij de faculteit Bouwkunde van de Technische Universiteit van München. Ze werkt ook als grafisch ontwerper, illustrator en auteur.

www.bcbrinkmann.de

Hou je van tekenen?

Hier vindt je alle illustraties van het verhaal om in te kleuren:

www.sefa-bilingual.com/coloring

Veel plezier!

De wilde zwanen

Een sprookje naar Hans Christian Andersen

► Voor kinderen vanaf 4-5 jaar en ouder

„De wilde zwanen" van Hans Christian Andersen is niet voor niets een van de beroemdste sprookjes van de wereld. In een tijdloze vorm behandelt het de thema's van de menselijk drama's: angst, dapperheid, liefde, bedrog, afscheid en hereniging.

Beschikbaar in jouw taal?

► Kijk eens naar onze „Taalassistent":

www.sefa-bilingual.com/languages

Mijn allermooiste droom

▶ Voor kinderen vanaf 2-3 jaar

Lulu kan niet slapen. Al haar knuffels zijn al aan het dromen – de haai, de olifant, de kleine muis, de draak, de kangoeroe, de ridder, de aap, de piloot. En het leeuwenwelpje. Zelfs de beer heeft moeite om zijn ogen open te houden ...
Hé beer, neem je me mee in je dromen?
Zo begint Lulu's reis door de dromen van haar knuffeligste knuffels – en uiteindelijk haar eigen allermooiste droom.

Beschikbaar in jouw taal?

▶ Kijk eens naar onze „Taalassistent":

www.sefa-bilingual.com/languages

© 2024 by Sefa Verlag Kirsten Bödeker, Lübeck, Germany

www.sefa-verlag.de

Special thanks to Paul Bödeker, Freiburg, Germany

Font: Noto Sans

All rights reserved. No part of this book may be reproduced without the written consent of the publisher.

ISBN: 9783739910215

www.ingramcontent.com/pod-product-compliance
Lightning Source LLC
LaVergne TN
LVHW070453080526
838202LV00035B/2818